童／眼／识／天／下／科／普／馆

森林的四季

童心 ○编绘

化学工业出版社
·北京·

图书在版编目（CIP）数据

童眼识天下科普馆. 森林的四季 / 童心编绘. —北京：
化学工业出版社，2024.4
ISBN 978-7-122-45047-0

Ⅰ.①童… Ⅱ.①童… Ⅲ.①常识课-学前教育-教学
参考资料 Ⅳ.①G613

中国国家版本馆CIP数据核字（2024）第032767号

童 / 眼 / 识 / 天 / 下 / 科 / 普 / 馆

森林的四季

责任编辑：田欣炜　　　　　　　　　　　　　美术编辑：张　辉
责任校对：宋　夏

出版发行：化学工业出版社（北京市东城区青年湖南街13号　邮政编码100011）
印　　装：北京宝隆世纪印刷有限公司
787mm×1092mm　1/12　印张5　字数80千字　2024年5月北京第1版第1次印刷

购书咨询：010-64518888　　　　　　　　　售后服务：010-64518899
网　　址：http://www.cip.com.cn
凡购买本书，如有缺损质量问题，本书销售中心负责调换。

定　　价：25.00元　　　　　　　　　　　　　版权所有　违者必究

·前言· Foreword

　　季节，是大自然创作出的最美好的画卷。春天如画、夏天似火、秋天像诗、冬天若梦，一年中，四季轮番展示着自己的风华，带给我们不同的期待和惊喜。

　　本系列是专门为孩子精心制作的一套图书，每一本都用娓娓道来的语言和精美细致的手绘图片讲述了生动有趣的科普知识。为了与小读者良好地互动，每本书中都设有一位动物主人公，它会带领孩子们到不同的环境去聆听大自然，细数大自然的美好，感受四季轮回的魅力。

　　春天，轰隆隆的春雷把沉睡的小动物叫醒了，它们已经沉睡了一整个冬天；夏天，哗啦啦的夏雨让植物们喝饱了水，争先恐后地茁壮成长；秋天，凉飕飕的秋风把怕冷的候鸟带到了南方；冬天，冷冰冰的雪花给光秃秃的树干挂上了冰晶……

　　森林的四季真是精彩纷呈啊！那还等什么？赶快走进《森林的四季》，和可爱的小兔子萌萌一起去欣赏森林的四季风光吧。相信，你一定会不虚此行！

目录
Contents

听，春天到了！ 2

森林，睡醒了 4

森林穿上绿衣裳 6

春天的花儿们 8

候鸟回家记 12

去热带雨林瞧一瞧 28

秋天，绚烂的季节 30

森林深处果儿甜 32

种子旅行记 34

树叶颜色变啊变 36

树叶树叶层层落 38

14 开始筑巢啦

16 动物们的家

18 森林中的新成员

20 夏天来了，真热闹

22 森林成员的防暑妙点子

24 雨后的森林

26 夏夜森林演奏会

40 小动物们忙啊忙

42 鸟儿离家记

44 咦，谁给森林蒙了纱

46 悄悄地，冬天来了

48 森林的冬装

50 奇怪，大河小溪不见了

52 吃饱了，睡一觉

54 躲起来的动物们

56 针叶林的冬天

春 夏
秋 冬

听，春天到了！

立春了，冬天的寒意悄悄溜走，小草笑眯眯地仰着脸，显摆自己的新衣服；花骨朵也赶忙整理好裙摆，准备去参加选美；好久不见的小鸟们，一见面就叽叽喳喳地聊个不停。"春天，是生命的声音呀！"小兔子萌萌伸着长耳朵，打算去森林里找春天。

春雷响了！

"轰隆隆"一声巨响，萌萌被吓了一跳。别害怕，这可不是什么怪兽。暖气流来了，但是还有一部分冷气流不愿意走，两股气流都是"牛脾气"，谁也不让谁。它们碰在一起后，冷空气下沉，暖湿空气上升，形成巨大的积雨云，积雨云和大气摩擦产生了带电的粒子，这些粒子相互碰撞放电，释放出了很大的热量，空气膨胀起来，它们推挤着周围的空气，引发了噼里啪啦的爆炸，这就形成了春雷。它正扯着嗓子告诉大家：春天到了！

雨中交响乐

天气一暖，河面上的水被蒸发成了水蒸气，水蒸气上升变成了小水滴，无数小水滴又在天空中汇聚成了云。淘气的小水滴在云里挤来挤去，慢慢就变成了大水滴，空气托不住了，水滴们就掉下来形成了雨。淅淅沥沥的雨，在石头上敲出"滴答、滴答"的响声，又在河面上"叮咚、叮咚"地打起拍子。萌萌乐了，小雨滴还会奏交响乐呢！

小溪会唱歌

小溪在流淌的时候，总会裹进一些空气，空气在水里就成了小气泡。当小溪流到崎岖不平的地方时，这些小气泡就会被撞破，从而发出响声。除此之外，溪水流下来的时候还会带动空气振动，这些声音一起回荡在森林里，听起来就好像是小溪在"哗啦啦"地唱着歌。

森林，睡醒了

萌萌孤零零地走在森林里，它想念朋友们了。这时有人叫它的名字，萌萌一回头，竟然是自己好久不见的朋友——小刺猬。

雷声叫醒小动物？

"你是不是被雷声惊醒的？"萌萌十分好奇。小刺猬告诉它，叫醒小动物的不是雷声，而是暖融融的天气。因为冬眠的动物对温度的变化非常敏感，当泥土、洞穴中的气温回升到一定程度时，它们就知道春天已经来了。这个时候就算没有雷声，动物们也会醒来的。

恋爱的季节

小动物们要在春天找另一半吗？这可不一定，一般受孕期长的动物会在秋天找到伴侣、怀上小宝宝，这样孩子们就会在春天出生，刚好避开天气寒冷、食物短缺的冬天。而那些受孕期短的小型哺乳动物，像小熊猫、黄鼬，大多要在春天"恋爱"，在水草丰美的夏天生下宝宝。

植物们也醒了

淅淅沥沥的雨一过，小草喝饱了水，怯生生地从松软的土壤中探出了头。大树们睡了一冬的幼芽也舒展着稚嫩的身体：刺槐树的枝头冒出了许多嫩绿嫩绿的叶子，灰蒙蒙的榆树也被春姑娘用画笔点上了盈盈的绿色……萌萌感觉不只是自己的动物朋友醒了，整个森林都醒了！

森林穿上绿衣裳

森林就像是被蒙了一层绿纱，放眼望去一片新绿。阳光穿过有些稀疏的树叶洒落在草地上，小草上的露珠闪闪发亮，还散发着青草和泥土的清香呢！

春天要发芽

你看见橡树树梢上的嫩芽了吗？大树为什么会在春天发芽呢？原来啊，树叶之所以会凋落，是树木为了保护自己而休眠了。春天到了，温暖的阳光让休眠的枝芽受到了刺激，萌芽所必需的酶活跃起来，植物打破了休眠状态，就开始发芽了。

草丛中的生命

草丛郁郁葱葱，是不少小动物的家：小瓢虫大口大口地喝着露水，蜘蛛在草丛中设下"机关"等待捕食小飞虫，野鸡在草里抚育它的孩子，螳螂藏在叶子后面清理两把"大刀"，小蝴蝶穿着花裙子翩跹起舞……茂密的草丛简直就是一个小世界！

小草，你好！

扒开一片枯草，你就能看见像针一样细的小绿芽。它们又嫩又小，还软趴趴的，真是可爱极了！用不了多久，这些小绿芽就能长成小草，编织软和的地毯，盖在光秃秃的大地上。到了那时，长高的小草就会随着轻风摆动，扭动腰肢为春天唱歌起舞。一阵潮润的微风吹过，青草的气息直往人心里钻。

树木为什么大多是绿色的？

植物之所以是绿色的，是因为它们的叶片里有一种很重要的绿色色素，名叫叶绿素。春夏的时候，叶绿素在叶子中的含量比其他色素要多，所以我们的大森林看起来就是绿色的。可别小看这个叶绿素，它能够利用水、空气和阳光来制造植物所需要的养分呢！

春天的花儿们

萌萌发现不知道从什么时候开始，森林中不仅有了绿色，还多出了其他颜色。原来，是那些急性子的花开了。瞧，榛子树长出了一条条毛茸茸的"尾巴"，山茱萸花像星星一样散落在枝头。草丛中也开满了各种明媚可爱的小花：紫色的翠芦莉、黄色的岩生庭荠、蓝色的花亚麻……

好香呀！

花儿们不仅外表可爱漂亮，还香香的，它们是喷了香水吗？才不是这样呢！花朵的香味是天生的，花瓣中的油细胞可以分泌出有香气的芳香油。不同的花儿分泌芳香油的能力是不同的，所以有的花香味浓，有的花香味淡。花儿的香气可以吸引昆虫"慕香而来"，帮助它们传播花粉。不过，有的花儿没有芳香油，但含有一种叫苷的物质，苷虽然本身没有香气，但被酶分解时就能散发出香气了。当然，也不是所有花儿都有香味，有的花竟然还是臭臭的呢。

没有叶子的连翘

萌萌看见一大片明晃晃的黄色小花："奇怪，它们怎么没有叶子呢？"原来这是连翘，它的叶子十分怕冷，非要等到天气再暖和一点才肯出来。而它的花朵没有那么娇气，所以早早就探出头来跟萌萌打招呼。不光是连翘，还有蜡梅、玉兰、迎春……好多花都是先开花后长叶的。

榆树也开花

咦？榆树的树梢上长出了嫩绿的小叶子，一簇簇的像花一样。萌萌想：这是不是就是榆树的花呀？萌萌，这你可就错了，那不是榆树的花，而是榆树的果实，这种类型的果实叫"翅果"，你看那圆圆薄薄的一片多像昆虫的翅膀呀，在人类世界，人们也把它叫做"榆钱"。而榆树真正的花，在你不注意的时候就已经开放过了，那花小小的，棕红色的花被片并不明显，花蕊伸长了脖子向外探。

可别伤了小不点！

"千万要小心呀，别伤了脚边的小花！"多亏了小鸟的提醒，萌萌才看见脚下的小雏菊。小雏菊个头不太大，一个个开着黄色、白色的小花，就像撑开在草丛中的小雨伞，真是可爱极了。一阵微风吹来，小雏菊们轻轻摇摆，像一群活泼的小精灵在给春天伴舞。萌萌闻了闻，层层花瓣里还能发出清甜的香味呢！

春天的"风铃"

萌萌盯着一串铃铛一样的花："咦？这是风铃吗？"当然不是，这是风信子花。它的花瓣细细尖尖地向外卷着，像极了响亮的小喇叭。无数朵小花紧凑在一起，看起来就像是一串风铃，好像风一过就会发出清脆的响声。萌萌看着漂亮的玫紫色铃铛叹了口气："要是它们能发出美妙的声响就好了。"这有什么可惜的，"风铃"带给我们的可是春天的香气呀！

绵延枝头的山茱萸花

山茱萸开了，金黄色的小花一簇一簇地聚在一起，四片花瓣向外翻卷，点点花蕊从中探出头来，又给山茱萸花平添了一分风姿。山茱萸的叶子不想抢花儿的风头，花谢之后叶子才会长出来。

候鸟回家记

萌萌发现，森林里最近多出了许多声音：溪水流动的叮咚声，微风吹拂枝叶的唰唰声，还有什么声音呢？对了，是鸟儿朋友们的鸣叫声！春天到了，森林里多出了许多鸟儿：杜鹃、黄鹂、灰椋鸟、黄雀……这些鸟儿也是森林中的"居民"，不过它们怕冷，冬天就飞到温暖的地方去了，等春天来了，它们又回到了家乡。这些鸟儿被称为候鸟。

鸟儿不迷路

候鸟们飞那么远，为什么不会迷路？原来小鸟们有很多导航方式：有些小鸟把星星、太阳和月亮当成坐标，根据它们的变化确定位置；有些鸟儿有着十分敏锐的听觉，能够明确地判断前方几千米的自然环境；有的就更厉害了，它们会感应地球的磁场，进行实时导航。

一边飞行一边睡觉？

鸟儿晚上在空中是怎么睡觉的？科学家们发现，有的鸟可能会一边飞一边睡觉，就是在飞行过程中睁一只眼闭一只眼，一半大脑睡着了，另一半大脑还保持着清醒。这样既能休息，又能时刻保持警惕，像是信天翁、雨燕，在长途跋涉的时候都会用这种方式睡觉。

留在森林中的鸟

有些鸟儿怕冷，有些鸟儿可不怕。喜鹊、啄木鸟、雷鸟、麻雀……这些鸟儿在冬天也会留在森林里。在冬天，它们会成群结队地生活在一起，啄食植物的种子。

萌萌看见小鸟开始筑巢，开心得不得了："它们有自己的家了！"其实呀，鸟巢并不是鸟儿的"家"，大多数小鸟都是直接在树上睡觉的，这个巢只是用来产卵、抚养小宝宝的"临时住所"。

鸟儿的摇篮

鸟巢是鸟儿父母给宝宝建造的一个安全可靠的摇篮，对于鸟儿来说，建巢是十分浩大的工程。选址非常考究，或是建在树枝上，或是建在草丛间，或是建在岩缝中；建巢材料很广泛，枝条、干草、羽毛、砂石、唾液都可以被拿来使用；建巢的过程很繁杂，鸟儿要一点点衔来材料，然后用堆砌、编制等方法建成心目中的巢穴。鸟巢建成后，一些鸟儿还会叼来小花、果子装饰自己的家。

建筑大师

雄性园丁鸟为了表达自己的爱意，会把巢建得精致无比。它会先在森林中找好一片空地，用树枝和植物的茎搭一个棚子。然后，它会精心布置自己的"庭院"，按照雌鸟的喜好，装饰上颜色艳丽的浆果、鲜花和小石子。有时，它也会在森林中找到瓶盖、玻璃碎屑和鸟儿的羽毛摆在窝的旁边。

缝纫高手

缝叶莺有细长的嘴，能够在叶子上打孔。它们往往会选择芭蕉、野葡萄等植物的叶片，再利用蚕丝或者细草等作线，将树叶的两边缝合起来。为了不让缝线松开，缝叶莺还会给线头打结呢！这样，一个口袋形的摇篮就做好了。鸟巢缝好以后，里面还要铺上厚厚的动物绒毛和植物纤维，就成了一个温暖而舒适的"育婴室"。

狡猾的父母

所有鸟儿都筑巢吗？当然不是，杜鹃就不会筑巢，它会把蛋产在其他鸟的巢里，让"养父母"养大。精明的杜鹃大多把苇莺、画眉、伯劳当成目标，因为它们的蛋大小、颜色都差不多，这些鸟妈妈就稀里糊涂地养了别人家的孩子。刚孵出来的小杜鹃，还会把其他没有破壳的蛋一个个推出去，享受养父母的独宠，果然跟它的父母一样狡猾。

动物们的家

看到鸟儿们忙碌着筑巢，萌萌也有点儿想念它暖和的家了，不知道其他小动物们都住在哪？它们都会自己造房子吗？

住在地下

森林中很多动物的家都在地下。小鼹鼠是"挖掘能手"，它们的前爪像两只铲子，可以在地下挖出狭长的隧道，隧道四通八达，鼹鼠就生活在这里。蚂蚁的家是个豪华的"地下宫殿"，里面有许多小房间：王宫、育婴室、幼虫室、储存室、休息室……结构非常复杂。

树干上的洞

森林中的大树上有一个又圆又深的洞，听说这个树洞已经换了几任主人了，猴子、小熊猫、小松鼠都曾经在这里住过。现在，这个树洞的主人是一只猫头鹰，萌萌可不敢靠近，妈妈告诉过它，猫头鹰是它们的天敌，要离它远远的。

河岸工程师

看，河狸工程师正在忙碌呢，它们有的负责砍树枝，有的忙着用泥巴和碎木头筑水坝，建好之后，还要围起一个小池塘，

然后在水面上建巢穴。你一定不敢相信，它们还懂得如何防风避雨。每年天气一冷，它们都会在房子外面盖上厚厚的一层泥巴，这泥巴"外套"既保暖又坚固，还能抵御入侵者呢。

六边形的房间

工蜂们围着蜂蜜饱餐了一顿，然后挺着大肚子分泌蜂蜡，并用蜂蜡建造出无数个紧紧相连的六边形小蜂窝。你肯定跟萌萌一样好奇：怎么有六边形的房间呢？因为这样的屋子空间更大，可以装下更多的蜂蜜，而且紧紧相连的六边形还能使蜂巢更加牢固。

森林中的新成员

在这个春暖花开的季节，森林里也迎来了新成员，动物宝宝们出生了！森林一下子热闹起来了，萌萌冲新成员们打招呼："欢迎你们来到这个美丽的世界！"

春天生宝宝

两只小棕熊在妈妈的肚子里待了8个月后，终于出生了！它们的个头小小的，和妈妈一点儿都不像。不要急，它们会慢慢长大，渐渐变成爸爸妈妈的样子。

穿"铠甲"的小犰狳

咦？这个穿"铠甲"的小老鼠是谁呀？你可别认错了，这是刚刚出生的小犰狳。别看它个头小，其实已经发育得差不多了，看起来就跟爸爸妈妈一样。不过，小犰狳的"外壳"还很柔软，等它再长大一点，"铠甲"才会变得坚硬起来。

刚出生的动物宝宝不能摸

刚出生的动物宝宝的确很可爱，不过尽量不要摸，因为它们的父母要靠嗅觉辨认自己的孩子。小动物被摸过后身上的气味就会发生改变，父母可能就认不出来了。而且新生儿们很脆弱，很多细菌都会让它们生病的，所以还是等宝宝们长大了再一起玩吧。

破壳而出的雏鸟们

鸟巢建好了，鸟妈妈就产下一个个鸟蛋。孵化十几天或者更长一段时间后，小鸟就能破壳而出了。

这不，啄木鸟宝宝刚刚破壳而出，还没有羽毛，爸爸妈妈需要捉虫子来喂给它们。大约一个月后，小啄木鸟就能学习飞翔和啄木的本领了。

快看，远处走过来一群毛茸茸的丑小鸭。它们可不是丑小鸭，而是刚刚出生3天的黑天鹅宝宝。别看它们现在灰溜溜的，长大后就会变得优雅又漂亮。

夏天来了，真热闹

风热乎乎的，树叶也变得油亮亮的，灿烂的阳光透过树叶的缝隙，丝丝缕缕照射下来。小兔子萌萌躲在树荫下，听见树上传来了一阵阵清脆的蝉鸣。不远处的溪水仿佛也急躁起来，细碎的水花轻轻拍打着岸边的石头，溪水中的鱼时而跃出水面，它也想感受一下森林里热闹的夏天。

大家庭真热闹

刚出生不久的小动物们都在慢慢长大，森林变得更热闹了。几只调皮的果子狸你追我赶，玩累了就爬到大树上吃野果；小猕猴依偎在妈妈怀里，圆溜溜的大眼睛好奇地看着周围；毛茸茸的灰松鸦也吃饱了，正扑腾着翅膀学飞行呢……

星星眨眼睛

到了傍晚，星星也来凑热闹，冲着地上的小动物们眨眼睛。星星为什么会眨眼睛呢？原来，当星星的光射到地球上时，要穿过不稳定的空气层，其间会经过很多次的折射，这样星星上的光在到达我们的眼睛后就会变得忽闪忽闪的，看起来像是不停地眨巴着大眼睛。

夏天热啊热

要问哪个季节最热，那答案一定是夏天了。夏天到了，白天变得很长，因为这时的太阳特别偏爱北半球。萌萌算过，森林中的白天有15个小时呢。这还不算呢！太阳火辣辣地挂在天上，大地被烤得滚烫滚烫的。不过，比起树木稀少的人类世界，森林里还是凉快多了。

森林成员的防暑妙点子

萌萌热坏了，竖着长长的耳朵散热。"咦？别的动物的耳朵没有那么长，它们会不会中暑呀？"你去看看就知道了，动物们可有不少防暑的妙点子！

小鱼哪去了？

口干舌燥的萌萌来到小溪边，却发现小鱼都不见了，这可把它急坏了："鱼儿们能去哪呢？"原来呀，一遇到炎热的天气，鱼儿就会自动游到"深水区"避暑去，那里凉快多了。萌萌明白了，看来只有在早晨太阳公公还没睡醒，或者傍晚天气凉快的时候，它才能见到鱼儿好朋友了。

熊宝宝爱洗澡

胖乎乎的黑熊宝宝在林子中走来走去，它发现了一个小水洼，赶快跑过去在里面打了个滚。你看，洗完澡的小黑熊不觉得热了，它甩了甩"毛皮大衣"上的水珠，就去林子中找吃的了。

随身携带的"防暑装置"

松鼠也很怕热，不过它随身携带着"防暑装置"呢，那就是它的大尾巴。在炎热的阳光下，松鼠就把尾巴竖起来，就像用一把大伞遮住自己的身体。这样一来，灼热的阳光就不会直接照到它的皮肤上了。

在石头的缝隙里、叶子的背阴处，蜗牛把自己缩进壳里，在壳口分泌一种黏液，像是给自己的"房子"关上了一扇门，然后它就在门里呼呼大睡，等天气转凉，才会钻出来。

雨后的森林

阵雨过后，"发烧"的森林降了温，变得凉爽起来，空气也清新极了。小灯笼一样的浆果枕着绿叶，晶莹剔透的木耳挂着水珠，蘑菇争先恐后地露出脑袋，森林里一派生机盎然的景象。

泥土的清香从哪来？

雨后的空气可真好闻呀，但是你知道这香味是从哪来的吗？原来呀，在稀疏多孔的土壤中，含有一种特殊的挥发性物质，叫作土臭素。当雨滴落到地面时，会把包含土臭素的气体包裹住，形成许多小气泡，小气泡相互碰撞，就像打开了一瓶被摇晃过的碳酸饮料。当这种气体扑面而来时，我们就会闻到泥土的清香啦！

小雨伞长出来啦！

一场雨过后，草地上一下子冒出许多小雨伞来，那是一朵朵小蘑菇。原来，小小的孢子睡在泥土里，当雨水滋润大地，它们就会长出菌丝来。这些菌丝在土壤和木头中汲取养分，慢慢长出小球，叫做子实体。小小的子实体喝饱了水，很快就能钻出地面，变成一把把可爱的"小雨伞"。

切成两段还能活？

萌萌在土壤里发现了很多蠕动的蚯蚓，它们正在松土呢。你知道吗？小蚯蚓可是一种生命力十分顽强的环节动物，它的身体是由许许多多的环节构成的。如果不幸被切断，它身体里特殊的再生器官就开始工作了，这个器官会加速细胞的分裂，让蚯蚓长出新的身体。如果伤到了再生器官或者其他重要器官，那蚯蚓可就没办法再生了。

夏夜森林演奏会

夜深了，林子里静悄悄的。忽然远处传来一阵窸窸窣窣的响声，原来是"丛林歌手"们要登台了。"啾啾，啾啾……"夜莺站在树枝上吹起口哨，昆虫们赶紧拿出乐器伴奏，小青蛙也跳上荷叶准备一展歌喉。主持人猫头鹰清了清嗓子，宣布："森林演奏会开始啦！"

夏天协奏曲

一到晚上，你就能在森林里听到小虫子们的大合唱。那此起彼伏的虫鸣，时而高昂，时而婉转。如果你仔细在草丛中寻找，就能发现那些身怀绝技的"歌手"们：金钟儿一开口，就像风中的铃铛，发出

"叮铃铃"的响声；云斑金蟋跳到草叶上，凡是它经过的地方都会留下一串清亮动人的乐曲；油葫芦吹起高音笛子；纺织娘"织呀、织呀"地唱着歌……夏天的协奏曲真美妙呀！

青蛙大合唱

细长腿的小青蛙在草丛里"呱呱"地唱起了歌，溪流中的同伴也不甘示弱，你一句我一句地对起了歌。萌萌纳闷了：它们小小的身子，怎么有这么大的嗓门？原来，雄蛙的嘴两侧有一层浅褐色的薄膜，叫做声囊，鸣叫的时候声囊就会鼓起来，像共鸣箱一样让声音更洪亮。你仔细听听看，不同的蛙叫声，调子都是不一样的，怪不得它们的合唱这么动听。

森林指挥家

大合唱可不能没有指挥家，只见啄木鸟正用细长的嘴敲打树干，"笃笃"地给小伙伴们打着节拍。

实际上，啄木鸟这么做是为了给大树"检查身体"，用长嘴敲敲树干，就知道树里有没有虫子了，一旦发现情况，它就会凿开树皮把虫子啄出来吃掉。

森林里的灯光师

演奏会的规模还真不小，萤火虫充当着灯光师，在空中飞来舞去。萤火虫肚子里藏着的发光细胞中有一种叫虫荧光素的化学物质，这种物质能够与氧气相互作用，让萤火虫腹部发出碧莹莹的光亮来，随着萤火虫的呼吸节奏，就形成了忽明忽暗的"舞池灯光"。

去热带雨林瞧一瞧

萌萌总听森林里的伙伴提起热带雨林，说那里终年炎热潮湿，树木高耸茂密，各种各样的动物在那里生活着。"那真的是动植物的天堂吗？"萌萌很想去看一看。

雨林，一层层

热带雨林中的树非常非常高，其中有很多都超过了50米，有的甚至有60米高。站在雨林深处向上看，太阳都被参天巨树遮住了。从树根到树顶，热带雨林被分成了很多层——露生层、树冠层、灌木层、地面层，每一层都是一个"小世界"，生活着各种植物、昆虫和野兽。

热闹的树冠

茂密的植物们铆足了劲儿向上生长。树冠就是"阳光争夺战"的胜利者，吸收了大部分的热量和雨水，这一层成了雨林里最有活力的地方，昆虫、鸟类、蛙类、爬行动物、小型哺乳动物……多得数不清。瞧，一只长臂猿把手臂勾在树枝上，一下子就跃到另一棵树上；疣猴把飘逸的尾巴卷在树枝上，在空中荡来荡去；长着大嘴的犀鸟扑腾着翅膀，寻找新鲜的浆果……

丛林杀手

热带雨林中危机丛生。快看，一株凤梨科植物上，穿着"花外衣"的箭毒蛙正在产卵，它艳丽的皮肤中藏着无数小的腺体，分泌的毒液能轻而易举地杀死敌人；河边，美洲豹正在徘徊，它刚刚吃饱，慵懒地打了个哈欠，露出了异常锋利的犬牙；水中，眼镜凯门鳄静静地潜伏着，等待时机展开猎杀……热带雨林中危险的动物实在太多了，没有点儿本领，还真是无法在那里生存下去呢。

秋天，绚烂的季节

酷暑溜走了，天气变得凉爽起来。云莓拉起了橘红色的小彩灯，树叶慢慢变了色，蒲公英结出了白绒毛似的"小伞兵"……萌萌在树林里跑来跑去：大画家都画不出这么多的颜色！

🐦 秋日野花开

橡树旁的一片藿香蓟开花了，白色、淡紫色的小花高高地长在茎顶，花朵像一把把小伞，聚在一起形成了一把大伞；不远处有一丛美女樱，粉红色的小花格外耀眼，真不负它的"美女"之名；森林边缘的葱莲也正在盛放，纯白的花瓣包裹着明黄的花蕊，就像是袖珍版的莲花。

🐦 秋天好天气

秋天到了，天空湛蓝湛蓝的，凉爽的气温让萌萌很舒服，这应该就是人类说的秋高气爽吧。那么，你知道这是什么原因吗？告诉你吧，萌萌，这是因为夏天的雨水带走了很多大气中的尘埃杂质，让秋天的大气更加透明，天空也就变得更蓝了。不仅如此，秋天到了，太阳光更加青睐南半球，北半球的温度降低，恰到好处的温度让人感觉凉爽又舒适。

🐦 森林换新装

秋日灿烂，花儿开了，果儿熟了，还不止这些，森林也悄悄进行着一场"变装秀"。瞧，大树的树叶染上了黄色，偶尔有一两片黄叶落到溪流中，随着水流漂到远方；动物们也换上了新衣服，很多动物的皮毛都慢慢变了色，这是它们的"冬装"，不仅更加保暖，还能帮它们更好地在森林中隐藏呢。

森林深处果儿甜

秋天是甜滋滋的：小脸红扑扑的野樱桃挂满枝头，黑莓露出黑亮亮的小眼珠，玛瑙一样的野葡萄紧紧地挨在一起。萌萌闻了闻，空气中溢满了果子的香气。

树莓酸溜溜

在林子里，大家很容易就能发现泡泡一样的树莓。它由很多层成熟的小核果组成，细密的果肉抱在一起，聚成一个半球形的空心果。树莓酸溜溜的，是很多小动物的"零食"，但是树莓可不是那么容易吃到的，挂满浆果的枝杈上长满了吓人的刺，如果不小心被它扎了一下，那可不是闹着玩的。

发现"小刺猬"

"这是刺球吗？"萌萌，这个浑身是刺的球是栗子的"外套"，裂开之后，会从里面滚出成熟的栗子，剥掉硬壳的生板栗

又脆又甜，好吃极了！除了栗子，榛子成熟之后也会自己"蹦"下树，它的果仁油脂很多，吃起来香喷喷的，这下小动物们有口福了。

果实掉下来了！

"扑通"一声，一颗野果子掉到了萌萌面前。萌萌瞧了瞧：果子太重了，小树枝担不动它了。其实呀，果实之所以会掉下来，是因为它必须落在地上，果实中的种子才能继续生根发芽。所以，当果子成熟后，果树就会跟它"一刀两断"，不再给它养分了。这个时候由于地心引力，果子就掉下来了。

为什么受伤的水果会变黑？

水果掉在地上磕破了皮，"伤口"的颜色会慢慢加深，没多久就变成了黑色。这是为什么呢？原来，水果受伤后，充当"防护墙"的薄膜就破裂了，氧气就会进入到水果内部，和水果中的一些化合物发生反应，"氧化"就会让果肉变黑，甚至带上细菌，所以受伤的水果尽量不要吃呀。

种子旅行记

人们想旅行可以坐飞机、乘火车，小动物想旅行可以奔跑、飞行，那么植物们想要去远方该怎么办呢？

秋风吹又生

一阵风吹过，毛茸茸的蒲公英化作无数小伞兵，它们乘着风缓缓升起，告别妈妈，独自去旅行了。小种子们被吹得很远，等它们到了新的地方，就会埋下种子生根发芽。不只是蒲公英，不少植物都在等着秋风刮起：槭树的种子上长着小翅膀，借助风力，就能轻易地开疆扩土；黄鹌菜的果实跟蒲公英像极了，也盖着一层柔软的小绒毛；山柳菊长了一个毛茸茸的"小脑袋"，只要有风刮起，这些毛茸茸的细丝就会随风飘散。

漂洋过海的椰子

在遥远的海边，一颗成熟的椰子落到海滩上，随着海浪冲向了大海，一场惊心动魄的旅行就这样开始了。椰子会在海面上漂流很久，借助洋流和海浪才能到达一个新的海岛。安全着陆后，椰子体内的种子会在小孔中萌发，长出一棵新的椰子树。怪不得椰子树都是朝着大海的方向生长，它们时刻准备着漂洋过海去旅行呢！

小动物来帮忙

朴树的果实饱满鲜亮，许多小动物和鸟儿都爱吃。不过里面的种子不会被消化，它们会跟着小动物"旅行"，然后随粪便一起排出；小兔子萌萌马马虎虎的，身上挂了不少带刺的苍耳，这些"小刺猬"会跟着它散布到森林的各个地方；小松鼠喜欢坚果，松鸦喜欢橡果，它们把这些种子埋藏起来，但偶尔动物们也会健忘，幸运的种子就能悄悄生根发芽了。看样子，小动物们真是帮了种子的大忙呢。

树叶颜色变啊变

森林中的树叶换上了色彩斑斓的新衣服。从远处望去，红叶像炽热的火焰，绿叶像青翠的碧玉，黄叶像明晃晃的金子。这么多颜色，层层叠叠的格外好看。

树叶怎么变色了？

萌萌不明白，树叶的颜色为什么会变呢？原来，这是因为树叶里含有大量叶绿素，还有胡萝卜素和花青素。天气暖和的时候，树叶里的叶绿素最多，所以我们看见的树叶就是绿色的。天气一冷，怕冷的叶绿素就藏起来了，这下胡萝卜素和花青素终于找到了机会，赶紧把树叶变了颜色，这下森林终于能见识到它们的美丽了。

霜重色愈浓

跟叶绿素相反，植物中的花青素很怕热，气温一高，它就会被分解。而到了霜降节气，天气变得更冷，叶子中的叶绿素都被冻伤了，这个时候枝叶体内的花青素就骄傲起来了。再加上它爱吃"甜食"，吸收掉植物储藏的糖分之后，花青素把树叶变得更红了。根据花青素与糖分的比例不同，叶子还会形成鲜红、深红、紫红等不同色彩。

叶子颜色不一样？

萌萌看着一棵大树发呆：为什么同一棵大树上，不同位置的叶子颜色不一样呢？你一定也跟它有一样的疑问。这是因为不同的位置，光照、温度条件都不一样，所以叶片中色素的比例也不同。枫树就是这样，在强烈的光照下叶片会变成红色，阳光弱的地方叶子就是黄色的。

树叶树叶层层落

橡树下，萌萌正抬着头向上看。原来，刚才恰好有一片树叶落到萌萌头上，萌萌仔细观察着，只见又有几片树叶慢悠悠地落到地上。"树叶为什么会从树上落下来呢？"萌萌满脑袋问号。

树叶为什么会落

树叶像蝴蝶一样随风起舞，纷纷落到地上，这是为什么呢？你是不是和萌萌有一样的疑问？其实啊，这是树木在保护自己，因为秋天气温下降，空气也干燥起来，树根赖以生存的土地变干变硬了，给大树输送的水分就少了，这时只有树叶脱落才能减少养分的损耗。缺少养分的供给，树叶慢慢干枯，身体也变得脆弱起来，秋风一吹，树叶就落下来了。

背面朝上

你一定发现了，落叶大多是背面朝上"趴"在地上的，这是为什么呢？原来，这和叶片的结构有着密切的关系。叶片正面的细胞，在光照的作用下都紧密地挨在一起；而照不到阳光的背面，细胞们都懒洋洋、松松散散地排着队。这就导致了树叶正面更重，所以落下的时候一般都是正面着地。

落下的树叶去哪了？

落叶堆积在树下，踩上去发出沙沙的响声。萌萌心想："春天的时候也没见过地上有落叶啊，那落叶去哪了呢？"原来呀，土壤中有许许多多肉眼看不见的微生物，比如细菌、真菌等，它们会把落叶分解成对大树有益的物质，小树叶们变成了养料，到了来年春天，大树就会长得更加茂盛。

森林 38

小动物们忙啊忙

萌 萌去找自己的好朋友红松鼠玩,贪玩的松鼠却拒绝了它,还说它们一家正在忙呢。"小松鼠忙什么呢?"萌萌很奇怪。告诉你吧,秋天可是忙碌的季节,小动物要开始为即将来临的寒冬做准备了。

共享食物的星鸦

树上的松果都成熟了,星鸦每天都吃得饱饱的,还把成熟的松果一粒一粒采集下来,藏在树洞或树根底下,留着冬天食物短缺的时候吃。不过,星鸦总是在森林中游荡,飞到哪就去哪找吃的,所以它们有可能根本享用不到自己藏起来的食物,反而会吃到其他星鸦藏起来的粮食。这也算是星鸦的"食物共享"了。

布满了"弹孔"的树干

"呀!树干上为什么有这么多小洞呢?"萌萌吓了一跳,其实呀,这是橡树啄木鸟的"粮仓"。橡树啄木鸟会在树上啄出好多个小洞,然后把橡树果一个个填进去,当它们饿的时候,就会把"弹孔"中的果实啄下来,是不是很聪明呢?你一定担心这样会不会伤到大树。放心吧,啄木鸟在储藏食物的时候会选择已经死掉的枯树,它们也懂得保护大森林呢。

蚂蚁吃饱了

小蚂蚁们拖着蚜虫、灰蝶幼虫等昆虫尸体钻进了洞穴,这些昆虫能够分泌出蚂蚁喜欢的汁液,这样天冷的时候就不会饿肚子了。不只昆虫尸体,蚂蚁还会收集很多草籽,做足了准备,蚂蚁就能安心地过冬了。

鸟儿离家记

北方的天气冷了，鸟儿能吃的食物渐渐变少，为了不让自己的宝宝们挨饿受冻，它们要离开家，去温暖的地方过冬。萌萌舍不得大家："你们可要早点回来呀！"

候鸟，飞啊飞

秋天，很多鸟儿都要迁徙，它们要到温暖的地方过冬，直到第二年春天才会再回来，这些随着季节变化而南北迁徙的鸟儿们被称为候鸟。候鸟们迁徙旅行的时间不一样，有的鸟儿很怕冷，一到秋天就会启程；有的鸟儿是慢性子，它们很晚才动身。另外，有些鸟儿会白天迁徙，它们大多性情凶猛、天敌很少；有些鸟儿则会趁着夜色出发，它们体形小，没什么攻击性，只能借着夜色躲避天敌。

谁来当领头人？

鸟儿们可不会独自迁徙，它们大多都结伴旅行，飞行时还会排成队形呢。大雁会组成"人"字形飞行，往往由体力最好的大雁充当领头人，它在飞行时会给后面的成员带来助力，大家就能够齐心协力飞得更远。但是头雁受到的空气阻力很大，后面的大雁看见它放慢速度了，知道它体力不支，就会主动替补上去，把前一任领导者换到一个轻松的位置。

候鸟的宿命

萌萌想：小鸟们会飞到哪里去呢？其实，鸟儿们迁徙的距离远近不一样，有的也许只飞几公里，有的则可能会飞上上万公里。迁徙对候鸟来说是一场冒险，它们需要翻山越岭、经历风雨、遭遇天敌，有很多鸟儿会在途中遇难，但是候鸟们每年都会勇敢地迎接挑战。

咦，谁给森林蒙了纱

一大早，萌萌睁开睡眼，它迷糊地眯了眯眼，咦？森林里怎么是白蒙蒙的？难道昨天晚上秋姑娘悄悄地来，给世界蒙上了一层纱？

晨雾从哪来？

这白蒙蒙的"纱"是什么？告诉你吧，这是雾。在温度高的时候，空气中就能容纳比较多的水汽，但是当气温降低了，空气容纳水汽的能力也减少了，所以有一部分水汽就会凝结成雾。尤其在秋天，温度会在夜里迅速冷却，空气中的水汽凝结成了小水珠，到了早晨，森林就蒙上了一层纱。

小草结冰了？

到了深秋的早上，小草上、土地上会结上一层晶莹的冰霜，这其实是露珠的另一种形态，等到太阳升起来它就会融化了。霜的形成过程和露一样，不过霜出现时天气要更冷一些，那时靠近地面的水汽附着在植物上，就会凝结成精致的霜花。

露水亮晶晶

森林雾蒙蒙一片，空气也湿漉漉的，萌萌抖了抖长耳朵，从窝中跳出来。呀？萌萌抬了抬小短腿，腿不知道被什么打湿了。萌萌仔细一瞧，草叶上竟然出现了晶莹剔透的小水珠，这是什么呢？其实，这个水珠是秋露。因为气温下降，空气中出现了雾，地面的温度就更低了，受冷的水汽就附着在草叶上凝结成了水珠，这就是萌萌看到的露珠了。

悄悄地，冬天来了

凛冽的寒风呼呼地刮在脸上，地上的落叶发出"哗啦啦"的响声，怕冷的小动物们都藏起来了，森林变得越来越安静了，萌萌知道，这是冬天来了。

冷啊冷

冬天可真冷啊，萌萌想。溪水也觉得冷飕飕的，不再欢快地蹦高了。萌萌想跟小溪打个招呼，用小爪子轻轻地拍打水面，刚一碰到水，它就立马把爪子缩回来："溪水可真凉啊。"再抬头看看周围的景色：大树变得光秃秃的，孤零零的树枝冻得直发抖；小草也变得"营养不良"，垂头丧气地贴在地上，看样子冬天真的来了。

听，森林的冬日舞曲

比起夏的热闹、秋的绚烂，冬天的森林的确有些安静，不过认真看、细细听，冬天的森林也别有趣味。落叶铺了一地，时不时随着寒风沙沙作响，这也许是它们最后的歌声了。过不了多久，落叶就会腐败，与泥土融为一体；鸟儿们也没有全部离开，喜鹊、斑鸠、啄木鸟……它们的声音时而会在森林中回响；花儿们很怕冷，早已经零落殆尽，不过也有特立独行的花，它们会在冬天傲然开放。瞧，梅花就绽放了，那一团团粉给冬日的森林增添了一抹亮色。萌萌在梅树下嗅了嗅，就闻到了清冽的花香。

森林的冬装

冬姑娘的威力可真不小，她一来，森林都变得萧条了。不过，冬姑娘也给森林带来了礼物呢。瞧，一片、两片……洁白的雪花飘落下来，给森林换上了一件雪白的冬装。

冬日的第一场雪

鹅毛般的大雪纷纷扬扬地落下来，在天空中你追我赶、打打闹闹。没一会儿，大地就变成了白色，树梢上也堆满了雪花。为什么会下雪呢？这个问题萌萌知道答案：天气好的时候，温暖的阳光让水蒸气飞到了天上，它们聚在一起越飞越高，也越来越冷，渐渐就被冻成了小冰晶，小冰晶慢悠悠地落下来，就是我们看到的雪花了。

雪花的颜色

萌萌伸手接住一片雪花："咦？雪花是透明的，但是为什么看起来是白色的呢？"这是因为雪花的表面凹凸不平，照在上面的光线会发生折射和反射，再加上大量的雪花堆在一起，看起来就是白色的了。

独一无二的雪花

萌萌接住一片又一片雪花，然后数了一遍又一遍，它发现雪花竟然都是六角形的，但是长得却都不一样。这是因为小雪花可挑剔了，气温和水分稍微有一点儿改变，雪花的图案就会有很大变化。可是在大气里，小雪花的生成条件总在变啊变，所以我们很难找到两片完全相同的小雪花。

奇怪，大河小溪不见了

天气越来越冷了，萌萌被冻得躲在窝里好几天。今天，它终于忍不住出来透透气，却发现了一件大事：森林里发生了"失踪案"，叮叮咚咚的溪流不见了！

溪流去哪了？

傻萌萌，溪流没有失踪，只不过它实在太冷了，就给自己盖上了一件"冰被子"。你仔细看一看，小溪表面结了一层亮晶晶的冰，上面还有冰碴呢！透明的河面现在就像是一面大大的镜子，在阳光的照耀下直晃眼。萌萌别着急，等到了温暖的时候，冰就会融化，溪水就又会欢快地跳跃唱歌了。

从表面结冰

萌萌你听，冰下的溪水还在流淌呢，溪流并没有完全结冰，这是为什么呢？告诉你吧，当气温降低到一定程度时，流淌的河水会从表面开始结冰，因为最外一层的水分子最先接触到寒冷的空气，它们紧紧抱在一起就形成了冰层。随着气温越来越低，抱在一起的水分子也越来越多，表面的冰层也一点点加厚。

鱼儿冷不冷？

别看溪流表面结着冰，但其实河水深处的温度并没有那么低。另外，那层厚厚的冰就像是给溪流盖了一层厚厚的被子，不管外面的天气有多冷，冰下的水都保持着一定的温度。所以放心吧，小鱼是不会有事的，它还在冰下自由自在地游泳呢。

吃饱了，睡一觉

小刺猬来跟萌萌说再见了，它早早就储备好了过冬的营养和能量，然后要依靠冬眠度过寒冷的冬天。萌萌看着缩成一个球的小刺猬，挥了挥手："睡吧，睡醒了记得找我玩。"

发胖的浣熊

小浣熊要把肚子填满，这样睡觉的时候就不会饿醒了。它喜欢吃的东西太多了，昆虫、坚果、鸟蛋和鱼，这些都是小浣熊的心头好。终于，在冬眠之前小浣熊把找来的食物都装进肚子里了，身体变得胖乎乎的，体重居然是春天时的两倍！我猜呀，它冬眠的时候一定不会饿醒的。

贪睡的睡鼠

小睡鼠是森林中的"睡觉大王"，它的一生中大部分的时间都在睡觉，冬眠的时间就更长了。冬眠的时候，小睡鼠不吃也不动，任何动静都休想叫醒它。别担心它会饿，在冬眠之前，睡鼠已经吃下了大量的榛果、黑莓等果子，储存了很多脂肪，它就要靠这些能量度过整个冬天。

黑熊没睡熟

每年秋天，黑熊就开始大吃大喝，蜂蜜、鸟蛋、坚果都来者不拒。到了冬天，吃饱的黑熊就会躲进干燥的洞穴开始睡觉，它们睡得并不熟，时不时就会清醒，还会走出洞穴晒晒太阳，抵御寒冷。

不止哺乳动物会冬眠

不止哺乳动物会冬眠，萌萌的很多其他朋友也要通过冬眠度过冬天：青蛙钻进泥土里，睡得分外香甜；蛇在温暖的土洞里缩成一团，一睡就是一个冬天；蜗牛分泌黏液堵住壳口，躲在暖和的壳里呼呼大睡。

躲起来的动物们

森林里真安静啊，朋友们都去冬眠了吗？不是的，很多动物都不想在睡梦中度过冬天，但是天气实在太冷了，它们被冻得躲了起来，偶尔才会出来露个面。

昆虫们都去哪了？

昆虫过冬的方式各种各样，蝴蝶等鳞翅目昆虫是以卵或蛹的形式在地下过冬的，土壤能够给它们提供温暖；蝗虫、蟋蟀之类的昆虫都是以卵的形式过冬，它们藏在洞穴和落叶中；蚊子、苍蝇大部分以成虫的形式过冬，天一冷，它们就会藏到阴暗暖和的地方。冬天，小昆虫们还真是不好找呢！

小松鼠的秘密基地

萌萌的运气不错，它遇到了小松鼠，要知道小松鼠虽然不冬眠，但是天气冷了也不爱活动。到了冬天，它们会用干草把洞口封起来，抱着长尾巴在窝里取暖，好几天都不出门。今天它应该是饿了，你瞧，还没跟萌萌说上几句话，小松鼠就朝着一个树洞跑去，那是它的秘密基地，里面藏着许多坚果，这样的秘密基地有好几个呢。吃饱之后，小松鼠匆匆跟萌萌告别，就又躲回了窝里。

针叶林的冬天

针叶林的冬天一样大雪纷飞，只不过树上可不是光秃秃的：松树纹丝不动地立在那，依然苍翠；冷杉高大挺拔，仿佛没有经历严寒。萌萌想去针叶林看一看，不过听说那里的冬天非常冷。

不怕冷的动物们

针叶林分布在北方，冬天的气温比萌萌住的森林还要冷，那里的树耐寒，动物也一样。驼鹿、貂、猞猁、松鼠、交嘴雀、松鸡……有了这些动物，针叶林冬天也分外热闹。